MADAGASKAR

GIAN PAOLO BARBIERI

MADAGASKAR

TASCHEN

KÖLN LISBOA LONDON NEW YORK PARIS TOKYO

Konzeption und Produktion
N P M PRODUCTION

Herausgeber
FABIO FASOLINI

Fotos
GIAN PAOLO BARBIERI
Assistenten
ALAIN DITOMASO
MAURO MORI
FABIO RUSSO

Produktion und Koordination
CORRADO POZZOLI
Assistentin
LUCIA NOGARA

Grafische Gestaltung
FELICE PERINI
Assistentin
SUSAN OUBARI

Archivarische Nachforschungen
LAURA VENTORUZZO
AURO VARANI

Anthropologische Recherchen
ROBERTO MATTEI

Unser Dank gilt
Annalisa Milella für die wertvolle Mitarbeit
Gian Franco Boveri, Honorarkonsul der Republik Madagaskar
Kodak Film
Studio Parolini Stampe Fotografiche
Kultusministerium von Madagaskar
Innenministerium von Madagaskar
Air Madagascar
Hotel Andilana Beach, Nosy-Be
Centre de Pêche Sportive de Madagascar, Nosy-Be
Sainte Marie Loisirs, Sainte Marie
Hotel Soanambo, Insel Sainte Marie
Softline, Taomasina
Janette und Arman Rivert, Hotel Plaza in Tuléar
Musée de l'Homme, Paris
Victoria and Albert Museum, London
Hirondelle Viaggi

Von Juni bis August des Jahres 1994 habe ich die Insel Madagaskar kreuz und quer durchstreift und in Dörfern, auf Straßen und Märkten meine Motive gesucht. Für fast alle Fotografien verwendete ich eine Linhof 4 x 5 mit Stativ und einen Polaroid-55-Film. Mit diesem Material hatte ich unmittelbare Kontrolle über den Bildausschnitt. Die Aufnahmen, bei denen ich einen Kodak-Film (135 und 120) verwendete, machte ich mit einer Rolleiflex 6 x 6 oder einer Canon. Da Natur und Lebensrhythmus auf der Insel kein Abwarten zuließen, arbeitete ich bei allen möglichen Lichtverhältnissen. Mit meinem Buch will ich der symbolischen Farbe „Schwarz" die Ehre erweisen. „Schwarzweiß" ist für mich ein abstrakter Begriff, der sämtliche Farbwerte umfaßt.

Mein Ziel war es, das Entscheidende, sei es geschichtlich, emotional oder ästhetisch, mitten im Leben Madagaskars aufzuspüren. Wenn ich das, was ich auf der Basis meiner Vorrecherchen suchte, nicht mehr fand, habe ich es rekonstruiert und auf den Auslöser gedrückt, sobald das Arrangement stand.

Ich habe versucht, behutsam in ausgewählte Milieus vorzudringen, um Authentizität und Spontaneität nicht zu gefährden, denn Stil entsteht für mich unter anderem aus dem Respekt für das Milieu. Die Ästhetik der Bilder wird auch von der Wahl des Objektivs bestimmt, und daher arbeitete ich meist mit dem normalen Objektiv, um eine größtmögliche Tiefenschärfe zu erzielen; für einige Porträts verwendete ich ein Teleobjektiv.

GIAN PAOLO BARBIERI

Madagaskars graue Substanz – Zu den Fotografien von Gian Paolo Barbieri

MICHEL TOURNIER

MADAGASKAR: Nelke, Maniok, Kaffeestrauch, Vanille, Rotholz – ein naher Verwandter des Sandelholzes –, Baumfarn und Orchideen, denen riesenhafte Schmetterlinge einen Besuch abstatten. Ein Tableau voll prächtiger Farben und berauschender Düfte in tropischem Klima. Die Insel liegt auf der südlichen Erdhalbkugel, so sind die Jahreszeiten, von uns aus gesehen, auf den Kopf gestellt: Der Juli liegt im Winter, der Januar mitten im Sommer.

Von all der Üppigkeit ist auf den Fotografien von Gian Paolo Barbieri nichts erhalten. Weder Farben noch Düfte, weder pikante Geschmackseindrücke noch Pittoreskes finden sich in diesen Bildern. Und doch sind sie von beeindruckender Kraft und Schönheit.

Barbieris Fotografien zeichnen sich nämlich zunächst durch formale Perfektion und große Strenge aus. Aber dann fesselt noch etwas anderes die Aufmerksamkeit des Betrachters. Ein Wort nimmt unter meiner Feder Gestalt an, ein schwerfälliger, ungefüger Begriff aus der christlichen Theologie: Konsubstantialität, *Einwesentlichkeit*.

Denn ganz offensichtlich entspringen hier Sand und Erde, das Holz der Baobabs, die Schuppen der Chamäleons, das lackschwarze Gefieder der Ibisse, die Krallen der Krokodile, das muskulöse, glatte Fleisch der Menschen – ganz offensichtlich entspringen all diese Äußerungen von Wirklichkeit auf Madagaskar ein und derselben Substanz. Man sieht genau, daß die Echse, der Vogel und die Frau einen gemeinsamen Ursprung haben.

Sie alle sind an demselben Tage geformt worden, aus demselben Stoff, beseelt von demselben lebenspendenden Atem.
Die Schwarzweißfotografie ist ein wunderbares Mittel, wenn es darum geht, diese Wesensgleichheit von Rinden, Haut, Fell und Schuppen begreiflich zu machen. Das mag ein Paradoxon sein, aber man sollte den Mut haben, es zu äußern. Die Schwarzweißfotografie ist der Wirklichkeit näher als Farbbilder es je sein könnten, denn die Wirklichkeit selbst ist schwarzweiß; erst die Maler verleihen ihr Farben, und daß wir die Dinge bunt zu sehen meinen, liegt einfach daran, daß wir uns zu viel in Museen und Ausstellungen aufgehalten haben.
Übrigens: Warum reden wir immer von Schwarzweißfotos, wo sie in Wahrheit weder schwarz noch weiß sind? Die Fotos bieten eine Vielzahl von Graustufen, von der hellsten bis zur dunkelsten und sind in sich gemustert, vergleichbar mit der Ton-in-Ton-Malerei. Daher rühren ihr Raffinement und ihre Tiefenwirkung.
Mehr noch: Goethe sagte sinngemäß, die Farben entstünden aus dem Leid, das das farblose Licht erduldet, wenn es durch ein „trübes Mittel" fällt, Kristall, Wasser oder Himmel. So verkörpern sie den Verlust der ursprünglichen Unschuld des Lichts, das im „trüben Mittel" in die sieben Farben des Regenbogens zerfällt, die den sieben Hauptsünden entsprechen.
Daher also erinnert die Insel, die Gian Paolo Barbieri uns nahebringt, so sehr an das Paradies auf Erden, wie es vor dem Sündenfall war.
Die graue Substanz Madagaskars ist die Tonerde der Schöpfung, wie sie aus Gottes Händen hervorging.

PS: Auf einer der schönsten Fotografien des Bandes sehen wir acht Männer durch die Wüste gehen. Sie tragen gemeinsam eine große Sänfte – unwillkürlich denkt man an die Sedia gestatoria, den Tragsessel des Papstes; darauf sitzt eine Frau von wilder Schönheit, zwei Kinder eng an sich gepreßt. Manch einer könnte angesichts dieses Fotos ein Déjà-vu-Erlebnis haben, so erging es jedenfalls mir. Also bin ich auf die Suche gegangen, die mich in das Musée d'Orsay in Paris vor ein großes Gemälde von Cormon aus dem Jahre 1880 führte. Es heißt *Kain* und ist inspiriert von einem Gedicht aus Victor Hugos lyrischem Zyklus *La Légende des Siècles,* „Die Sage von den Jahrhunderten", nämlich von *La Conscience,* „Das Gewissen".

Cormon, daran sei erinnert, war im vorigen Jahrhundert einer der grandiosesten und detailfreudigsten Vertreter der Schule der „Pompiers" mit ihren Monumentalgemälden, einer Gruppe, zu der Meister wie Carle Vernet, Neuville, Luminais, Lecomte du Nouy zählten. Diese Schule, gegen die die Impressionisten sich durchzusetzen versuchten, überschwemmten mit ihren Historienbildern die offiziellen Ausstellungen. Sie ist heute sehr geringgeachtet – allerdings größtenteils zu Unrecht. Vielleicht können die Überlegungen, die ich weiter oben angestellt habe, ein wenig Licht in diese Debatte bringen.

Diese „Historienmaler" waren unbestreitbar phantastisch ausgebildet und handwerklich über jeden Zweifel erhaben. Sie verstanden es, ein Pferd zu zeichnen, einen Baum, ein Haus; sie schufen riesige Kompositionen, die zugleich ausgewogen und dynamisch wirkten. Alles gut, ja wirklich bewundernswert. Allein, ihr Schwachpunkt war die Farbe, und genau hier haben die Impressionisten sie geschlagen.

Cormon und seine Mitstreiter zeichneten wunderbar, doch leider kolorierten sie dann ihre Zeichnungen, und die Ergebnisse taugen nur noch als Schulbuchillustrationen für den Geschichtsunterricht. Wie anders wäre es gewesen, hätten sie den Vorzügen des Schwarzweiß vertraut, dem Raffinement der grauen Töne, der Klarheit des Strichs!

DIE FOTOGRAFIEN

1

JUNI 1994, BAOBAB AN DER SÜDLICHEN PISTE
ZWISCHEN TULÉAR UND FORT DAUPHIN

2 SAINT AUGUSTIN – DIE FISCHER TRAGEN DEN FANG AN LAND.

3 IM GEBIET „MAHAFALY" WURDEN DIE GRÄBER IN DER NÄHE
DER PISTEN VON „ALOHALOS" BEWACHT: HÖLZERNE GRABSTELEN,
DIE VOM LEBEN DES VERSTORBENEN ERZÄHLEN.

5

MANDRARE – DER WALD, DER HIER SEIT URZEITEN WUCHS, MUSSTE ENDLOSEN AGAVEN-REIHEN WEICHEN.

6

MORONDAVA – IN EINER PIROGGE FAND ICH
DEN KIEFER EINES SÄGEFISCHS.

7 DORFFEST IN SAKALAVA

9 | EBBE AM STRAND DER INSEL SAINTE MARIE

10

MAJUNGA, AUGUST 1994 – DIESES TOR WIRD ALLE SIEBEN JAHRE GEÖFFNET. ES WIRD KÖNIGSTOR GENANNT, DA IN EINER HÜTTE IM INNERN DER UMZÄUNUNG DIE GOLDENEN URNEN MIT DER ASCHE DER KÖNIGE AUFBEWAHRT WERDEN.

11 DER SCHAMANE VON TSIHAMBÉ HÄLT EIN WEINENDES BABY.

12 FOLGENDE DOPPELSEITE
CHAMÄLEON

13

BEFESTIGUNG DER PISTE AUS ROTERDE
NACH DER REGENZEIT

14 TÄTOWIERTER FISCHER VON DER INSEL RADAMA

FOLGENDE DOPPELSEITE

15 SALZSEE BEI EFOETSE – REKONSTRUKTION EINER MADAGASSISCHEN SÄNFTE NACH DEM GEMÄLDE VON CORMON (PARIS, MUSÉE D'ORSAY)

16

IM TROCKENEN SÜDEN – DER DORNIGE WALD
AUS DIDIERAECEEN SPENDET KEINEN SCHATTEN.

17 TOAMASINA – GRAPHITABBAU

18 FOLGENDE DOPPELSEITE
RITUELLE OPFERUNG DES ZEBUS

20

SCHLACHTHAUS VON MAJUNGA IN DER MORGENDÄMMERUNG

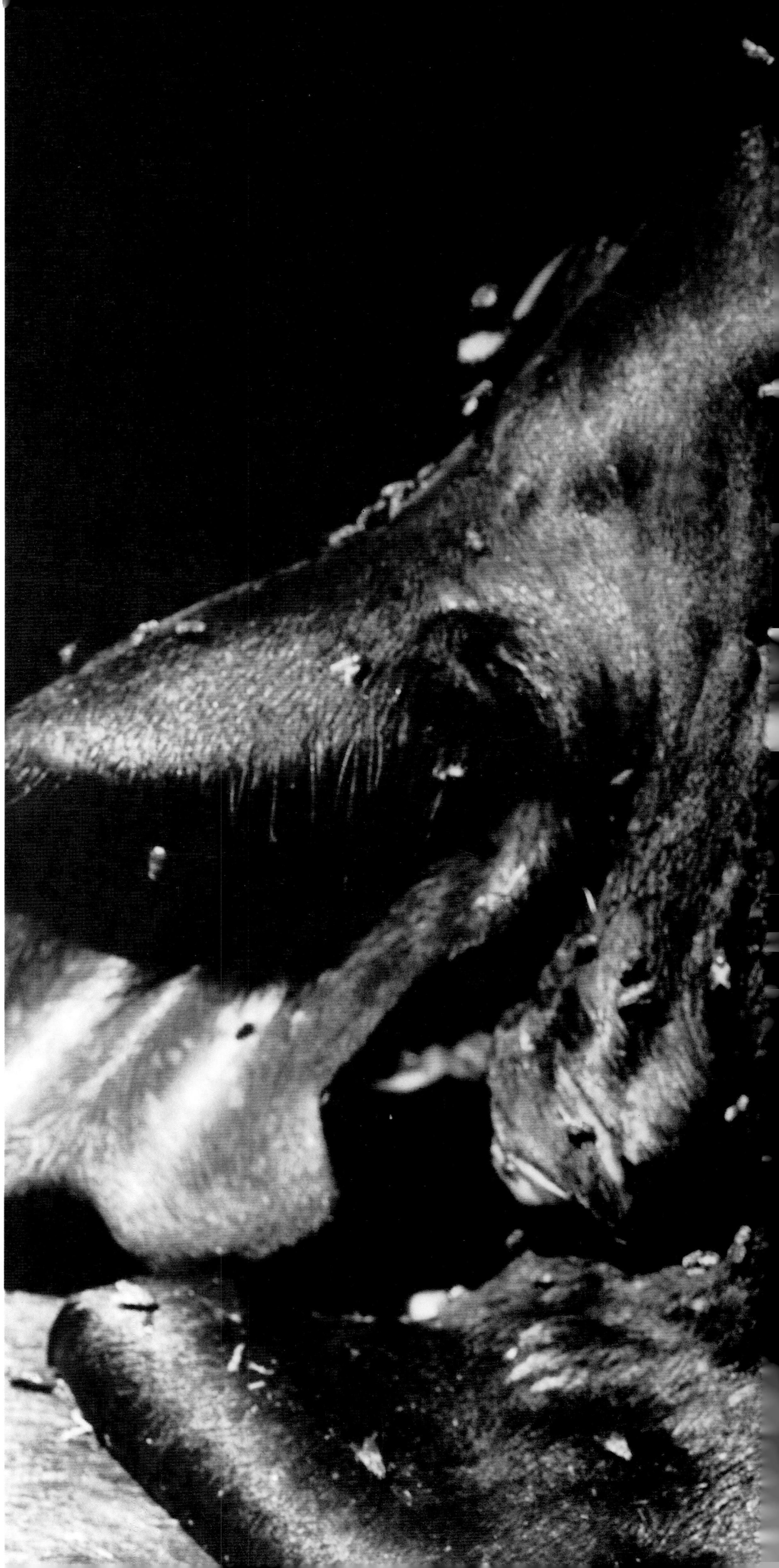

21 FESTMAHL DER „LECCA OCCHI“ (AUGENLECKER) – FLIEGEN IM SCHLACHTHAUS

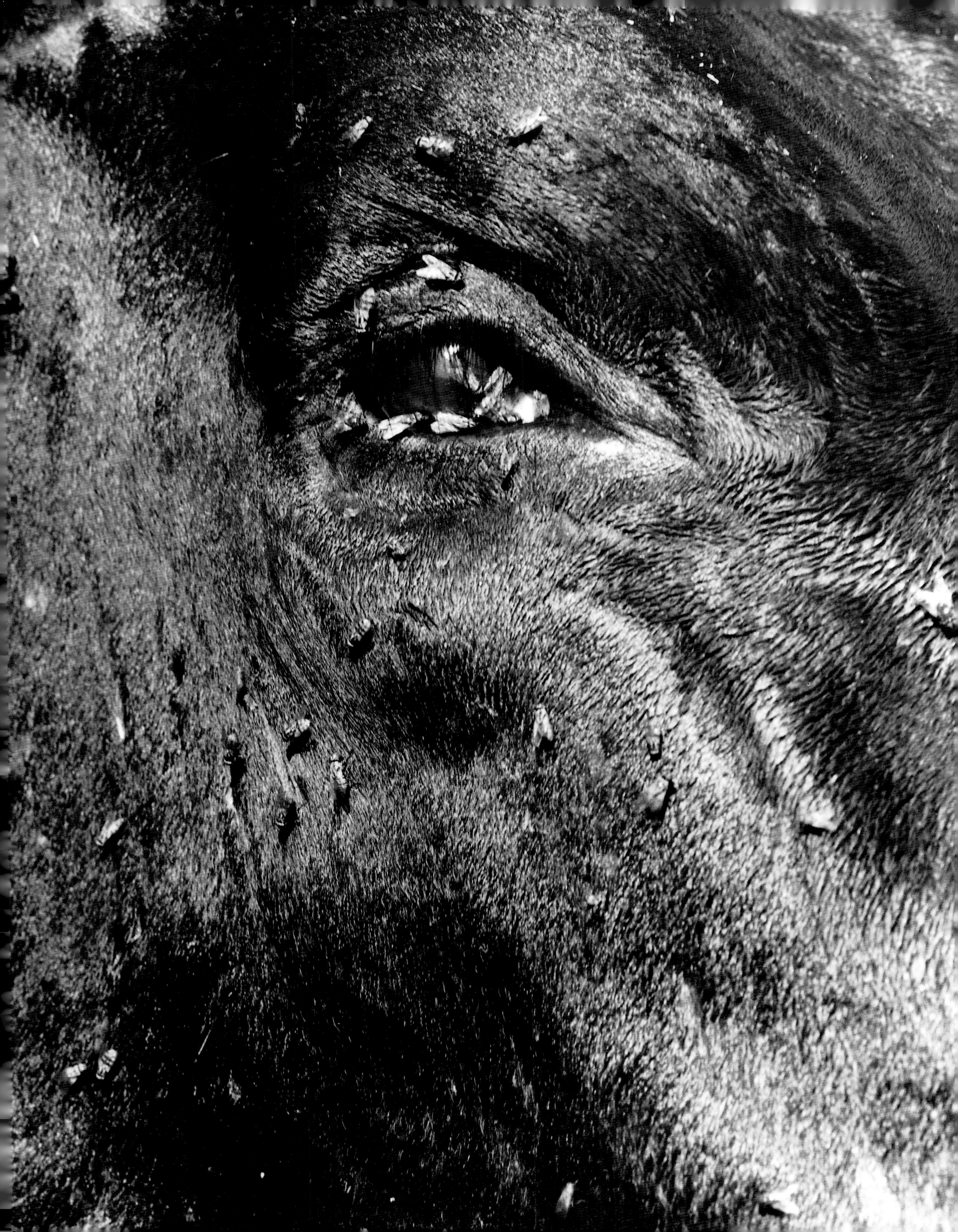

22 AMBOASARY – EINSAMER ALOESTRAUCH IN BLÜTE

23 ANTANDREY – BEGEGNUNG AUF DER PISTE: EIN KRIEGER

25 DAS DORF DER VEZO BEI SONNENUNTERGANG – RUHENDER FISCHER

27 PÉRINET – EIN WÄRTER BRINGT DIE JUNGEN KROKODILE IN DIE BECKEN.

28 FOLGENDE DOPPELSEITE
STRASSE VON MOSAMBIK – VORBEIZIEHENDE WALE

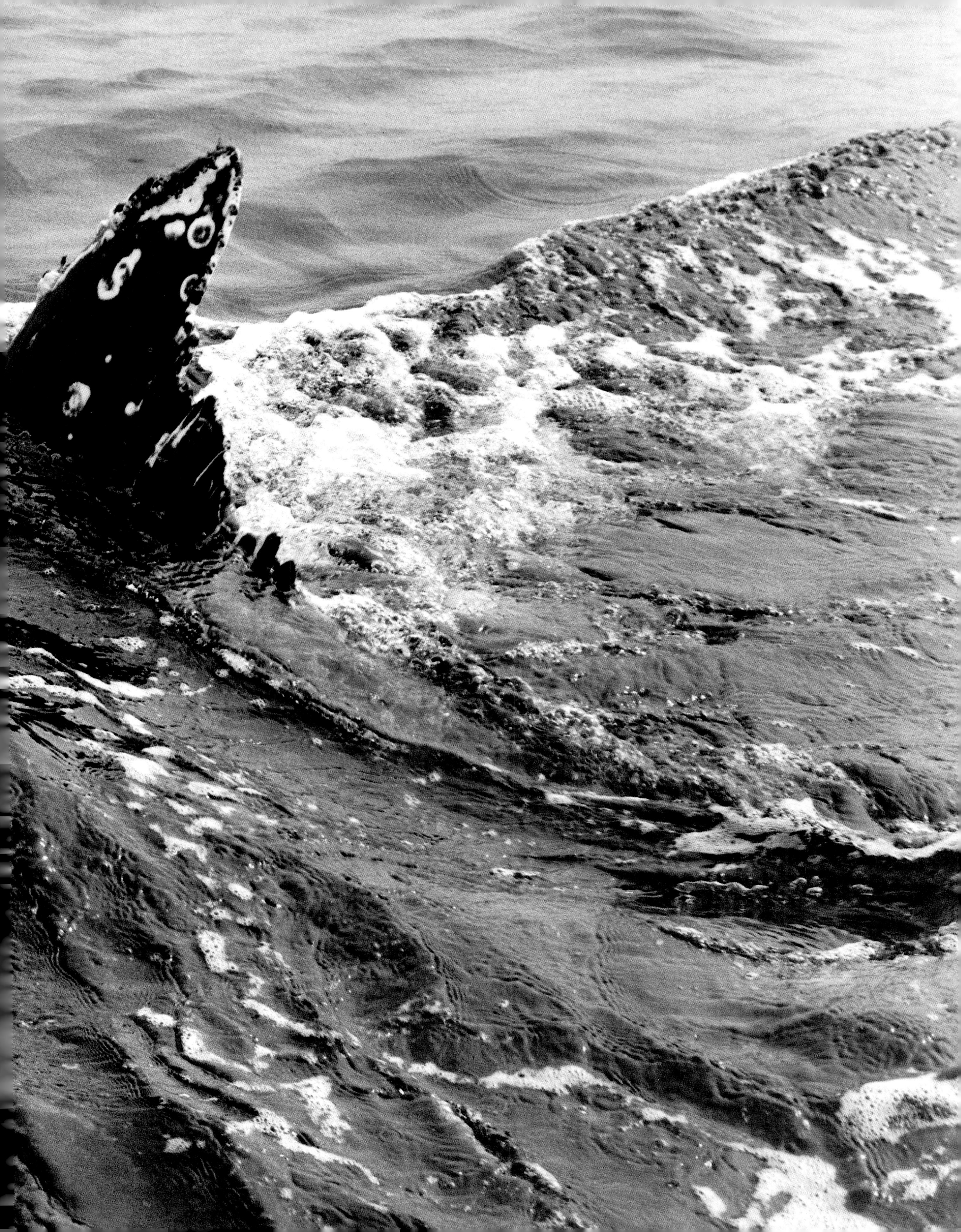

29

STRAND VON ANAKAO, BEIM DORF DER VEZO –
EIN FISCHER-SCHAMANE MIT DEM WIRBELKNOCHEN
EINES WALS UND SEINER JUNGEN FRAU

30 IM HAFEN VON NOSY-BE — PFANNKUCHENVERKÄUFERIN

31

ANTANKARANA – ASIEN, AFRIKA UND ARABIEN
BEGEGNEN SICH IN DEN GESICHTSZÜGEN DIESES JUNGEN MANNES.

32

ANGRAECUM SESQUIPEDALE,
DIE FASZINIERENDSTE ORCHIDEE MADAGASKARS

33

SAINT AUGUSTIN – NACH DER RÜCKKEHR VOM FISCHFANG TEILEN DIE VEZO DEN FANG AUF.

34

LOKOBÉ – IN MANCHEN GEBIETEN BEGEGNET
MAN HÄUFIG BOAS, VON DEN MADAGASSEN SEHR GEFÜRCHTET,
AUCH WENN SIE UNGIFTIG SIND.

35

NOSY KOMBA – JEDE FAMILIE BESITZT EIN STÜCK STRAND,
AUF DEM DIE PIROGGE LIEGT UND DER FISCH GETROCKNET WIRD.

36 INSEL SAINTE MARIE — VORBEREITUNGEN ZUM FISCHFANG AN EINEM REGNERISCHEN MORGEN

37 FOLGENDE DOPPELSEITE
PÉRINET — PLATTSCHWANZGECKO

39 | INSEL SAINTE MARIE — IN DER NÄHE DES PIRATENFRIEDHOFS

40 NOSY MANGABE – REGENWALD

41 FOLGENDE DOPPELSEITE

UNTERWEGS NACH TAMATAVA IN ANDASIBE.
IM TROPENREGEN TRÄGT DIESER
JUNGE EINE RIESIGE PALMENBLÜTE.

42

NOSY MANGABE – DIE MÄNNCHEN DER MACAO-LEMUREN SIND VOLLKOMMEN SCHWARZ.

43

AMBOASARI – DER ZAUBERER ANTANDREY. DIE MAGIER WERDEN MPISIKIDY GENANNT UND HEILEN MIT SAMEN, STEINEN UND KRÄUTERN, DIE SIE IN EINEM ZEBUHORN AUFBEWAHREN.

45 AMBATOROA – DEM MEER ZUGEWANDTE STATUEN VERKÖRPERN DIE VERSTORBENEN.

47

BELO TSIRIBIHINA – REKONSTRUKTION DES BEGRÄBNISRITUS, DER VON EINIGEN STÄMMEN PRAKTIZIERT WURDE. DIE FAMILIENANGEHÖRIGEN ASSEN VOM FLEISCH DES VERSTORBENEN UND TRANKEN SEINE KÖRPERFLÜSSIGKEIT.

48

BELO TSIRIBIHINA – DIE KÖRPERFLÜSSIGKEIT DES VERSTORBENEN WIRD GESAMMELT. SIE REINIGT DEN, DER DAVON TRINKT, UND VERLEIHT IHM BESONDERE KRÄFTE.

49

WÄHREND ICH IN PANGALANE AUF DIE FÄHRE WARTETE, ENTDECKTE ICH AUF DER VERANDA EINER HÜTTE DIESE MUTTER MIT IHREM KIND.

50

MAJANGA – BLICK AUS DEM HOTELFENSTER –
EIN DEFILEE VON RIKSCHAS

51

INSEL SAINTE MARIE – NACH DEM FISCHFANG BAT ICH DIE JUNGE FRAU, SICH NACKT FOTOGRAFIEREN ZU LASSEN. ERFREUT UND OHNE BEDENKEN WILLIGTE SIE EIN.

52

DZAMANDAZAR – DIE KRÄNE BEFÖRDERN BERGE VON ZUCKERROHR ZUR BRENNEREI.

53 FORT DAUPHIN — BEGEGNUNG AUF DER SÜDPISTE

TSIOMBE – EINE DER SIEBEN BAOBAB-ARTEN MADAGASKARS. DER LEGENDE ZUFOLGE WURDEN DIE GÖTTER AUF DIE SCHÖNHEIT DER BAOBAB EIFERSÜCHTIG UND VERURTEILTEN SIE ZUR STRAFE DAZU, IHRE PRÄCHTIGEN KRONEN IN DER ERDE ZU VERSTECKEN UND STATT DESSEN IHRE SCHWARZEN WURZELN ZU ZEIGEN.

Bibliographie

ABINAL R. P. UND MALZAC, S. J. *Dictionnaire Malgache-Français*, Tananarivo 1899.

CALLET, R. P. *Tantara ny Andriana eto Madagascar*, Tananarivo 1908.

DAHL, O. Chr. *Malgache et Maanjan*, Oslo 1951.

DEMPWOLF, O. *Vergleichende Lautlehre des Austronesischen Wortschatzes, Dritter Band. Beihefte zur Zeitschrift für Eingeborenen-Sprachen*, Berlin 1938.

FRAZER, J. G. *The Golden Bough*, London 1911.

GENNEP, A. VAN *Tabou et Totémisme à Madagascar*, Paris 1904.

LEHMANN, F. R. *Die Polynesischen Tabusitten*, Leipzig 1930.

MALINOWSKI, B. *Magic, Science and Religion*, Boston (Mass.) 1948.

MARETT, R. R. *Tabu*, in *Encyclopædia of Religion and Ethics*, Edinburgh 1921.

ID. *The Threshold of Religion*, London 1914.

MOLET, L. *Le Bain Royal à Madagascar*, Tananarivo 1956.

RICHARDSON, J. *A new Malagasy-English Dictionary*, Antananarivo 1885.

RUSSILLON, H. *Le Vintana ou sort*, in „Bulletin de l'Académie Malgache", Tananarivo 1914.

RUUD, J. *Guder og fedre*, Oslo 1947.

ID. *Panthéon et religion chez les Tanala*, in „Bulletin de l'Académie Malgache", Tananarivo 1954.

SÖDERBLOM, N. *Gudstrons uppkomst*, Stockholm 1914 (deutsche Übersetzung: „Das Werden des Gottesglaubens", Leipzig 1916).

VIG, L. *Skæbnelære og Dagvelgeri*, Aarhus 1905.

Dieses Buch wurde gedruckt auf 100 % chlorfrei gebleichtem Papier gemäß TCF-Norm.

Hohenzollernring 53, D-50672 Köln

Deutsche Übersetzung:
Hinrich Schmidt-Henkel, Berlin;
Anton Ebner, Deggendorf

Printed in Germany
ISBN 3-8228-8203-8
D